AF358932

Georges de MANTEYER

FOUILLES DE CHAMPCROSE

(Le tumulus n° 12)

(Extrait du *Bulletin de la Société d'Etudes des Hautes-Alpes*, 3ᵉ série, n° 10)

GAP

Louis JEAN · & PEYROT, Imprimeurs-Editeurs

1904

FOUILLES DE CHAMPCROSE

Georges de MANTEYER

FOUILLES DE CHAMPCROSE

(Le tumulus n° 12)

(Extrait du *Bulletin de la Société d'Etudes des Hautes-Alpes*, 3ᵉ série, n° 10)

GAP
Louis JEAN & PEYROT, Imprimeurs Editeurs

1904

L'auteur déclare ne pas être responsable de la forme que ce travail, imprimé en son absence, a revêtue dans le Bulletin de la Société d'Etudes.

Il tient surtout à déclarer que la note de la p. 133, telle qu'elle y a paru, n'est pas de lui entièrement. Une glose imprévue s'y marie au texte. La glose n'est jamais de trop quand la marge y suffit : mais, là, le gloseur bénévole a oublié de rester en marge.

Ceci dit, il sera permis à l'auteur de se borner à prendre acte des lettres que M. Joseph Michel, secrétaire de la Société d'Etudes, et M. Joseph Roman, membre de cette société, ont bien voulu lui adresser, la première de Gap, en date du 25 avril, et la seconde de Picomtal, en date du 7 mai. L'auteur les en remercie.

Manosque, 15 mai 1904.

G. M.

FOUILLES DE CHAMPCROSE

(Le tumulus n° 12)

L'âge du site funéraire de Champcrose. — Le site de Champcrose, assis sur la basse terrasse qui longe et domine la rive gauche du Petit-Buëch, au terroir de Chabestan, se trouve garni de vingt-cinq à trente *tumuli* épars. Ils sont circulaires pour la plupart[1].

Quatre d'entre eux ont déjà été interrogés par Mr David Martin, conservateur du Musée de Gap. Il l'a fait avec bonheur et l'histoire primitive des Alpes françaises, encore bien obscure, tirera de ces premières recherches un profit très réel.

Ces quatre *tumuli* ont été ouverts par une tranchée médiane.

Le n° 2, circulaire, de 9^m de diamètre environ, a livré une inhumation et une lame en fer. Par un hasard dont on doit se féliciter, le squelette était assez bien conservé : il comportait un crâne de type mésocéphale, appartenant à un individu de grande taille.

Le n° 1, circulaire, de 9^m également de diamètre ou

---

[1] Le n° 15, cependant, mesure environ 20^m de diamètre sur 14^m son grand axe est dans la direction nord-sud. Le n° 14, qui est le plus grand, mesure environ 33^m sur 20^m et son grand axe est dans la direction est-ouest.

environ, donna une inhumation avec une demi-douzaine
de bracelets en bronze ou en cuivre, enfilés par une tige
de fer.

Le n⁰ 8, circulaire, de 10ᵐ de diamètre environ, donna trois
crânes en mauvais état, une inhumation et, par-dessous, un
vase enterré sous le squelette, dans la terre naturelle qui supportait le tumulus. Ce vase, à peu près intact, fait au tour, est
en terre gris noirâtre liée par des grains de calcite. La surface ne paraît pas avoir été lustrée : un rebord, qui l'entoure,
est décoré d'empreintes digitales(?). Le vase, semble-t-il,
n'était pas recouvert d'une dalle ou d'un couvercle. Les débris
qu'il contenait n'ont pas encore été analysés : ils peuvent
provenir d'une incinération. En dehors de ce vase, l'intérêt
exceptionnel du *tumulus* n⁰ 8, provient de la présence d'un
poignard placé au niveau des jambes du squelette inhumé
et du côté des pieds de ce squelette. Le type en est bien
connu des archéologues et il date les sépultures où on le
rencontre. La lame est de fer ; la poignée à antennes est de
bronze. M. Alexandre Bertrand a énuméré quarante-trois
exemplaires de ce type caractéristique[1]. Il en compte trois
exemplaires dans l'Italie, au nord des Apennins[2]; vingt-
deux dans la Haute-Autriche, la Bavière, le Wurtemberg,
la principauté de Hohenzollern et le grand duché de Bade[3];

[1] *Alex. Bertrand et Sal. Reinach.* Les Celtes dans les vallées du Pô
et du Danube, Paris, Leroux, 1894, pp. 85-89.

[2] A Bologne, près du Reno ; à Bellune, sur la Piave ; à Sesto-
Calende, localité placée sur la rive gauche du Tessin, là où cette
rivière sort du lac Majeur.

[3] Dans la Haute-Autriche, neuf exemplaires à Hallstatt, localité
placée au pied de Salzkammergut et sur la rive gauche de la Traun,
affluent du Danube.

Dans le royaume de Bavière, un exemplaire provenant de Woden-
dorf (au musée de Bamberg, dans la Haute-Franconie) ; un exemplaire
provenant de Niederaunau avec une fibule serpentiforme ; un exemplaire provenant de Krumbach, en Souabe.

Dans le royaume de Wurtemberg, deux exemplaires de Hunder-
singen, deux du tumulus de Belle-Remise, près de Ludwigsburg, et
un de Thalheim.

Dans la principauté de Hohenzollern, un exemplaire du tumulus
de Vœrigenstad, près de Sigmaringen.

Dans le grand-duché de Bade, un de Hambourg près de Thiengen
(au musée de Karlsruhe); un du tumulus de Salem.

cinq en Suisse, dans le Doubs et le Jura[1] ; treize dans le
sud-ouest de la France et, plus précisément, dans l'Hérault,
les Hautes-Pyrénées, le Tarn, le Lot-et-Garonne, le Lot
et la Dordogne[2]. D'autres, également, ont été trouvés en
Espagne[3].

Le pays le plus riche en poignards à antennes est donc
le bassin supérieur du Danube entre le Rhin à l'ouest, son
affluent le Main et la Bohême au nord, la Hongrie à l'est
et les Alpes au sud. Mais ces armes se sont répandues du
Rhin au Reno, en Italie[4], et de la Traun à la Dronne
en France[5].

Les archéologues savent que les poignards à antennes
remontent au premier âge du fer qui, pour eux, est l'époque
hallstattienne, du VIIIe ou Xe siècle jusqu'au Ve siècle avant
J.-C[6]. D'autre part, les linguistes qui s'occupent de topo-

---

[1] En Suisse, un exemplaire au musée de Zurich ; un autre au musée
de Genève provenant du Valais.

Dans l'est de la France, deux exemplaires provenant d'Alaise
(Doubs, arr. Besançon, cant. Amancey) et un exemplaire du tumulus
de Marigny (Jura, arr. Lons-le-Saulnier, cant. Clairvaux) près du
Pont-de-Poitte.

[2] Dans le département de l'Hérault, un exemplaire dont la prove-
nance précise n'est pas indiquée.

Dans les Hautes-Pyrénées, deux exemplaires provenant du plateau
de Ger (arr. Argelès-Gazost, cant. Lourdes) ; deux exemplaires d'Avezac-
Prat (arr. Bagnères-de-Bigorre, cant. La Barthe-de-Neste).

Dans le Tarn, quatre exemplaires, provenant de Sainte-Foy (arr.
Gaillac, cant. Lisle, comm. Peyrole).

Dans le Lot-et-Garonne, un exemplaire des environs d'Agen.

Dans le Lot un exemplaire au musée de Cahors.

Dans la Dordogne, un exemplaire du tumulus d'Airoles, près Larzac
(arr. Sarlat, cant. Belvès) ; un exemplaire au musée de Périgueux.

[3] *Bertrand*, p. 89, note 8, sans provenances précises.

[4] Le Reno, qui passe près de Bologne, descend de l'Apennin et se
jette dans l'Adriatique entre la lagune de Comacchio et Ravenne.

[5] La Traun de Hallstatt, descend du Todtes Gebirge et se jette dans
le Danube en-dessous de Linz. La Dronne descend des plateaux du
Limousin et se jette dans l'Isle au dessous de Coutras (Gironde).
L'Isle se jette elle-même dans la Dordogne sous Libourne.

[6] *Joseph Déchelette*. L'archéologie celtique en Europe (Rev. de
synthèse historique, juillet-août 1901, p. 7 de l'extrait).

nymie enseignent que « le lieu d'origine des langues
celtiques paraît avoir été un très petit pays, situé sur les
bords du Rhin, du Main et du Danube, là où se trouvent
aujourd'hui la Hesse-Darmstadt, le grand-duché de Bade,
le Wurtemberg, la Bavière septentrionale. Le Rhin, $\bar{R}enos$,
porte un nom celtique[1] ». Ils ajoutent que « le nom illyrien
et oriental du Danube paraît être *Istros* ou *Ister*, le nom
occidental et celtique *Danuuios*. » Finalement, ils font
entendre que la limite du domaine celtique primitif et du
domaine illyrien aurait franchi le Danube vers Ratisbonne[2].

Ainsi, le pays d'origine des poignards à antennes serait à
la fois la Celtique primitive sur le Danube, à l'ouest de
Ratisbonne, et le bassin illyrien de l'*Istros* à l'est de ce
point. Il est très remarquable que, partout où les poignards à antennes ont été exportés, se rencontrent également les noms de cours d'eau rappelant soit le bassin
celtique du Danube et du Rhin, soit le bassin illyrien de
l'*Istros*. On a trouvé des poignards de ce type à Sesto-
Calende, à Bellune et à Bologne; or, près de Bologne
passe le Reno. On en a trouvé dans le bassin du Doubs et
de l'Ain, à Alaise et à Marigny : or, la Droune est un
affluent de l'Ain. On en a trouvé dans la Dordogne: or,
la Dronne se trouve à proximité.

En somme, la Dronne, la Droune en France rappellent
la Traun de Hallstatt, comme le Reno en Italie rappelle
le Rhin.

Voici maintenant que M. David Martin rencontre un
poignard à antennes sur la terrasse de Champcrose : comme
de juste, la Drôme n'est pas loin.

Sa découverte sert de trait d'union entre les *tumuli*
de l'Ain et ceux du sud-ouest de la France, comme la
Drôme entre la Droune et la Dronne.

Il faut croire que ces cours d'eau ont été nommés, en

[1] *H. d'Arbois de Jubainville.* Les Celtes depuis les temps les plus
anciens jusqu'à l'an 100 avant notre ère. Paris, Fontemoing, 1904, p. 6.
[2] *Ibid.* pp. 6-7.

souvenir de leur patrie d'origine, par des hommes dont les chefs se trouvaient armés du poignard à antennes.

Fait remarquable : tandis que les émigrants en Italie, armés de ce poignard, donnent aux cours d'eau des noms rappelant surtout le bassin du Rhin, ceux qui viennent dans le pays destiné à devenir la France donnent aux cours d'eau des noms rappelant plutôt le bassin illyrien de l'*Istros*. En effet, dans le département actuel du Gard, un modeste cours d'eau rappelle ce grand fleuve : il ne s'appelle pas le Danube, mais la Vistre[1]. Sans parler du Drac et de l'Isère qui, dans la région du sud-est, où coule la Drôme, rappellent la Drave et l'Isar[2], on a remarqué, dans la région de la Dronne, la Save, affluent de la Garonne qui rappelle l'affluent de ce nom et bien connu du Danube[3]. La Dronne, la Drôme et la Droune rappellent la Traun bavaroise, affluent de l'Alz[4], et la Traun autrichienne qui toutes deux appartenaient au bassin de l'*Istros*.

Pour l'Italie il faut joindre, au Reno de l'Adriatique, les lacs Rino qui, en Corse, alimentent le Fiumorbo[5]. Il faut surtout redire que le Tibre porta d'abord le nom d'*Albula* comme un cours d'eau voisin d'Ancone[6] : ce nom ancien rappelle tout simplement un affluent du Rhin postérieur qui coule dans les Grisons.

On doit se demander à quelle époque se produisit cette migration des illyriens du Danube et du Rhin supérieur vers l'Italie et les futures Gaules. Le fait qu'un des poignards à antennes s'est trouvé près du Reno de l'Adriatique permet de préciser. Cette région appartint aux Étrusques et ils y possédaient Felsina : or, l'invasion étrusque se produisit au Xe siècle ou environ avant J.-C, et l'hégémonie de ce peuple prit fin en 390 par l'arrivée

---

[1] *H. d'Arbois de Jubainville.* Les premiers habitants de l'Europe, seconde édition, t. II. Paris, Thorin, 1894, p. 212.

[2] *Ibid.* pp. 212-213.

[3] *Ibid.* p. 206.

[4] *Ibid.* p. 212.

[5] *Ibid.* p. 212

[6] *Ibid.* pp. 213-214.

des Gaulois qui remplacèrent bientôt Felsina par Bologne[1].
Mais, pour les archéologues, au début du IVᵉ siècle avant
J.-C., c'est l'époque de la Tène qui succède à l'époque
hallstattienne[2] : les poignards à antennes et à poignée de
bronze étaient remplacés par les épées de fer. D'autre part,
il y avait beau temps que le Tibre avait alors perdu, sans
doute, son nom primitif d'*Albula* : les Gaulois du IVᵉ
siècle purent fonder Bologne en remplacement de Felsina,
mais le nom du Reno de l'Adriatique devait exister avant
eux tout aussi bien que l'Ombrone dont le nom en
pleine Toscane ne s'explique que par son antériorité à
la domination étrusque. La migration des Illyriens du
Danube vers l'Italie et les futures Gaules est donc anté-
rieure à l'arrivée des Étrusques. Il faut identifier les Illyriens du Danube avec les Ombres qui paraissent y être
venus au XIIᵉ siècle avant J.-C.et qui y fondèrent *Ame-
ria*, en 1135. L'Ombrone et l'Ombrie gardent leur nom.
On sait que leur développement vers le sud obligea, vers
1035, une partie des Sicules à émigrer en Sicile[3]. Ce sont
eux, sans doute, qui imposèrent alors le nom d'*Albula* au
fleuve placé devant le Latium : et, par suite, ce sont eux qui
durent nommer le Reno.

En Italie, leur hégémonie fut courte : les Etrusques ne
tardèrent pas à les remplacer. Aussi, les poignards à
antennes n'y sont pas nombreux. Leur toponymie seule
survit. Mais, dans les Gaules, leur fortune fut meilleure,
soit dans le sud-est, entre le Rhône, la mer et les Alpes,
soit dans le sud-ouest, dans le bassin de la Garonne.

C'est seulement vers 600 avant J.-C. que la première
migration celtique vint y reprendre contact avec eux[4].

L'anthropologie et l'ethnographie doivent être mises à
contribution par l'histoire comme l'archéologie et la lin-
guistique : il faut s'aider de tous les indices.

---

[1] *H. d'Arbois de Jubainville. Les Celtes*, pp. 144-147.

[2] *Déchelette.*, p. 4.

[3] *d'Arbois de Jubainville. Les premiers habitants de l'Europe*, t. II,
pp. 242-243.

[4] *d'Arbois de Jubainville. Les Celtes*, pp. 79-80.

Or, si l'on jette un regard sur une carte donnant la répartition approximative des races de l'Europe[1], l'attention doit se porter sur l'emplacement des deux Traun, du Reno, de la Droune, de la Drôme et de la Dronne. La seule race, qui se trouve toujours indiquée comme survivant dans chacune de ces cinq régions, est la race adriatique ou dinarique. Vers les Traun, elle est entourée par la race sub-adriatique et par des traces de la race occidentale. Dans l'Ombrie, elle est entourée, au sud par la race occidentale ou cévenole, à l'ouest par la race littorale, au nord par l'occidentale et la sub-adriatique. Dans le Jura, elle est entourée au sud par la race occidentale, à l'est et à l'ouest par la race sub-adriatique. En Provence, dans la région de Riez, elle subsiste entourée de la race littorale au sud et à l'ouest, de la race occidentale au nord et de la sub-adriatique à l'est. Dans le bassin de la Garonne, et plus précisément encore dans la région du Lot-et-Garonne, elle est entourée de la race occidentale.

Elle se retrouve donc toujours, là où la toponymie des cours d'eau et les poignards à antennes rappellent les illyriens du Danube. Tantôt la race occidentale, comme dans la Garonne, tantôt la race sub-adriatique, comme vers les Traun et dans le Jura, dominent autour d'elle : tantôt ces deux dernières races, jointes à la littorale, sont ensemble autour d'elle comme en Provence et en Ombrie. Si la proportion de ces autres races varie, la persistance de la dinarique est le fait dominant. Actuellement, c'est une race brachycéphale (85-86 d'indice céphalique), de grande taille (1^m68 à 1^m72 en moyenne), portant les cheveux bruns ou noirs ondulés, les yeux foncés, les sourcils droits, la face allongée, le nez fin, droit ou aquilin, le teint légèrement basané[2]. Cette race a laissé en Italie le nom de l'Ombrie et de l'Ombrone en souvenir d'elle; elle y a repoussé les Osques vers le sud. Il y a donc lieu de penser que, de même, elle a porté dans les futures Gaules et

---

[1] *J. Deniker*. Les races et les peuples de la terre. Paris, Schleicher, 1900, in-8°, voir la carte hors texte entre les pp. 384 et 385.

[2] *Deniker*, pp. 390-392.

en Espagne le nom de l'Ibérie et celui de l'Ebre. De langue aryenne, elle est venue y dominer les Basques qui parlaient une langue apparentée au groupe finno-ougrique [1].

Il conviendrait de reconnaître les Basques primitifs des Gaules comme les Osques d'Italie dans la race occidentale ou cévenole [2]. Cette race, très brachycéphale (85 à 87 d'indice céphalique), de petite taille (1^m63 ou 1^m64 en moyenne), porte les cheveux bruns ou noirs, les yeux brun clair ou foncé, la face arrondie, le corps trapu [3]. Elle avait dominé pendant l'âge du bronze et elle-même était venue s'établir soit en Italie soit dans les futures Gaules, quelques siècles auparavant, aux dépens de la race insulaire. Celle-ci, peut-être de langue hamitique, est actuellement dolichocéphale (73 à 76 d'indice céphalique), de très petite taille (1^m61 à 1^m62), portant les cheveux noirs, parfois bouclés, les yeux très foncés, la peau basanée, le nez droit ou retroussé [4].

Jadis tout ce qui, en France, était préromain portait l'étiquette générale de « Gaulois ». Maintenant que les Gaulois sont mieux connus, tout ce qui est préceltique se range volontiers sous les étiquettes d' « ibère » et de « ligure ».

Dans le cas où on admettrait la venue successive des Libyens, de race « insulaire » et de langue hamitique, pendant l'âge de pierre, des Osques, de race « cévenole » et de langue finno-ougrique, pendant l'âge de bronze, des Ombres, de race « dinarique » et de langue aryenne, pendant le premier âge du fer, les linguistes pourraient se demander ce que deviennent dans tout cela les ligures.

En Italie, les ligures figurent seulement en dehors et au nord du domaine étrusque : dans les Gaules, ils paraissent bien, au nord du bassin de la Garonne, avoir donné leur nom à la Loire. Les Romains les soumirent dans la région des Alpes maritimes et la Ligurie méditerranéenne garde

---

[1] *Isaac Taylor*. L'origine des Aryens et l'homme préhistorique, trad. par Henri de Varigny. Paris, L. Battaille, 1895, pp. 221-222.

[2] *Deniker*, carte entre les pp. 384 et 385.

[3] *Ibid*. pp. 389-390.

[4] *Ibid*. p. 388.

leur souvenir. Si l'on a recours aux anthropologues et qu'on cherche dans cette région les traces d'une race qui ne soit ni la littorale, ni l'insulaire, ni la cévenole, ni la dinarique, on n'a pas à hésiter longtemps car il en reste une seule qui couvre une bonne partie de la Provence, dans la région montagneuse, une partie du Piémont, une partie du bassin de la Saône et du Jura, une partie des bassins supérieurs du Rhin et du Danube. Il s'agit de la race secondaire dite « sub-adriatique »[1], d'une taille de 1^{m}66 et d'une brachycéphalie modérée (indice céphalique de 82 à 85), portant des cheveux et des yeux plus clairs que la race adriatique ou dinarique[2].

Cette race « sub-adriatique » de l'anthropologie doit correspondre à la première invasion des celtes dans les Gaules qui, selon les linguistes, se produisit entre 700 et 500 avant J.-C.[3]. C'est elle surtout qui dut amener le nom de Ligurie dans les Gaules.

Les Osques avaient imposé leur langue aux Libyens; les Ibères, vers le XIe siècle, leur nom aux Osques et aux Libyens. Les Ligures, vers le VIe siècle, subjuguèrent à leur tour les races précédentes.

Cela dit, les *tumuli* de la terrasse de Champcrose furent donc élevés par les populations que dominaient, entre le XIIe et le VIe siècles, les Illyriens porteurs de poignards à antennes. On y pourra trouver, à côté de ces Ibères dominateurs, des restes d'Osques, de Libyens ou d'individus de la race littorale primitive, c'est-à-dire de toutes les races venues dans ce pays avant eux et soumises par eux à leur hégémonie.

Après avoir fouillé les *tumuli* n°s 2, 1 et 8, M. David Martin a ouvert en dernier lieu le *tumulus* n° 21[4]. Ce

---

[1] *Deniker*. Carte entre les pp. 384 et 385.

[2] *Ibid.* pp. 393-394.

[3] *d'Arbois de Jubainvile*. Les Celtes, pp. 79-80.

[4] Cette numération des *tumuli* fouillés répond au plan général du site de Champcrose, levé par M. Lambert, agent-voyer cantonal de Veynes, qui, bien connu par son riche cabinet de géologie régionale, a consenti à dérober quelques journées à ses recherches favo-

tumulus qui a paru aux témoins être légèrement elliptique, puisqu'il mesurait 16^m90 sur 15^m50, avait, dans ce cas, son grand axe dans la direction N.-S.[1]. Il a livré plusieurs inhumations : notamment un squelette de petite taille avec une quantité de petites appliques en bronze et une pince épilatoire également de bronze. On a trouvé une pince de ce genre dans le palafitte du Saut-de-la-Pucelle, au lac du Bourget[2]. Quant aux appliques, on en a trouvé à Grésine (Savoie, arr. Chambéry, cant. Aix-les-Bains, comm. Brison-Saint-Innocent)[3] et à Larnaud dans le Jura[4].

Ainsi, les fouilles opérées par M. David Martin dans les *tumuli* 2, 1, 8 et 21 permettent d'établir déjà l'époque à laquelle remonte le site funéraire de Champcrose et de dire quelle race dominante les a fait élever. Ce site remonte à la période protohistorique comprise entre le XIIe et le VIe siècle avant J.-C. ; il coïncide avec le premier âge du fer et date des ibères, armés du poignard à antennes. Venus du bassin illyrien de l'*Istros*, ils nommèrent l'Isère, le Drac et la Drôme en souvenir de leur patrie où coulaient la Drave, la Traun et l'Isar.

Ces résultats acquis, il pouvait être intéressant d'examiner dans le détail, au moins une fois, la structure de ces *tumuli*.

C'est l'objet que l'on s'est proposé d'atteindre en dirigeant la fouille du *tumulus* n° 12.

Méthode de fouilles adoptée. — Désirant connaître

rites, soit pour dresser ce plan général, soit pour établir celui du *tumulus* n° 12. Il a droit à tous les remerciements des personnes que l'histoire et l'archéologie intéressent.

[1] L'aire pavée de base ne paraît pas avoir été exactement déchaussée sur tout son parcours périphérique : si elle l'avait été, peut-être le caractère légèrement elliptique aurait disparu. Un doute subsiste à cet égard.

[2] *Gabriel et Adrien de Mortillet*. Musée préhistorique, deuxième édition, Paris, Schleicher, 1903, planche xcii n° 1175.

[3] *Ibid.* n° 1165, 1166.

[4] *Ibid.* n°° 1167, 1168.

exactement la structure du *tumulus* n° 12, il a été jugé bon
d'abandonner le système des tranchées qui abordent verti-
calement la sépulture à travers les couches successives de
sa couverture. La méthode « stratigraphique » s'indiquait :
seule, elle permet d'étudier la tranche complète de chaque
couche, l'une après l'autre, en commençant par la plus
superficielle et en finissant par la plus profonde, en n'abor-
dant aucune d'elles sans avoir achevé l'examen complet de
la précédente qui, ainsi, ne disparaît pas sans avoir donné
tout ce qu'on peut tirer d'elle. La fouille passe de cette
sorte, en sens inverse, par toutes les phases chronologiques
de la construction qu'elle se propose d'étudier. Comme
point constant de repère dans la progression du travail, il
est bon de laisser subsister la motte centrale de la couche
superficielle le plus longtemps possible. Par rapport à
ce témoin, chaque objet trouvé peut recevoir une cote
en éloignement horizontal et en profondeur avec l'indi-
cation exacte de son orientation : ainsi, le plan de chaque
objet, par couches, se dresse mécaniquement au fur et
à mesure de la progression du travail, par rapport à un
point fixe qui est cette motte centrale de la superficie.
Chaque fragment rencontré sous la pioche est ainsi coté
immédiatement et, quand un objet se rencontre brisé
en fragments qui ne se trouvent pas au même moment et
réunis, le relevé successif des cotes permet de rapproche
ces fragments avec la sécurité voulue.

Relation des fouilles. — Les fouilles du *tumulus* n° 12
ont duré du 24 au 29 août 1903, matin et soir. Elles n'ont
été interrompues que le 25, à partir de huit heures, par
la pluie. Sans l'accueil tout à fait précieux et l'obligeante
assistance de M. et Mme Romieu qui demeurent au Pont-
de-Chabestan, il eût été à peu près impossible de les
réaliser. C'est Mlle Romieu qui, la première, remarquant
les *tumuli* de Champcrose, en a signalé l'existence à
M. David Martin. M. Charles Romieu, de son côté, porte
son attention très en éveil sur tous les restes que les âges
primitifs ont laissés dans le pays qu'il habite. En l'absence

de M. David Martin, retenu par les circonstances loin des fouilles et dont les visites furent trop rares au gré des personnes présentes, M. Lambert voulut bien se charger d'opérer les constatations topographiques utiles. Le travail manuel de terrassement fut opéré principalement par un propriétaire-cultivateur du Pont-de-Chabestan, M. Emile Givaudan, dont l'intelligence et la circonspection modèrent d'une manière fort appréciable, la brutalité matérielle inhérente aux lourds outils du terrassier.

24 Aout

Site du tumulus n° 12. — La terrasse de Champcrose[1] est dominée à l'Est par le plateau étroit et allongé des Guiaux qui se dirige du nord au sud[2]; les pentes en sont boisées de chênes. Une visite sur le sommet

[1] La carte de l'Intérieur (feuille xxiii-31) adopte la graphie : *Champ Crosse.*

[2] Au double point de vue de la toponymie et de la disposition topographique, il y a lieu de rapprocher de la terrasse de Champcrose, sise entre le Petit-Buëch à l'ouest et le plateau des Guiaux à l'est, le lieu dit Crose de Mèque qui, sur le terroir voisin d'Aspres-sur-Buëch, est dominé par le plateau des Egaux à l'est en dominant le Buëch à l'ouest. Le substantif provençal *cros* a les significations de creux, fosse, silo, tombeau. Le substantif féminin *croso,* celles de cosse, cavité d'arbre, repaire, ravine (*R. P. Xavier de Fourvières.* Lou pichot tresor, Avignon, Roumanille, 1902, p. 212). Il proviendrait du latin *corrosum,* comme le français *creux* (*G. Kœrting* Lateinisch-romanisches Wœrterbuch, Paderborn, Schœningh, 1891 n° 2208]. *Champcrose,* c'est donc le champ de la tombe. Il suffit d'ouvrir le dictionnaire des Postes pour constater l'existence de lieux dits *Cros* ou *le Cros* dans vingt-sept départements méridionaux (Allier, Hautes-Alpes, Alpes Maritimes, Ardèche, Aude, Aveyron, Bouches-du-Rhône, Cantal, Charente, Corrèze, Creuse, Dordogne, Drôme, Gard, Gironde, Hérault, Isère, Loire, Haute-Loire, Lot, Lot-et-Garonne, Lozère, Puy-de-Dôme, Saône-et-Loire, Tarn, Var, Haute-Vienne). En Savoie et Haute-Savoie, on a formé Crosaz et Le Crosaz. Dans l'Allier, la Crose ; dans l'Ariège, Crosefonds. Les Croses dans l'Ain, l'Aveyron et l'Hérault. Le Croset dans la Savoie ; les Crosets dans la Sarthe et la Haute-Savoie. La Crosse dans l'Isère, Crosses dans le Cher. On a des lieux dits *Croze* et *la Croze* dans douze départements (Ain, Corrèze,

méridional, couronné d'un très vieux châtaignier, a permis d'y rencontrer, au bord oriental de ce plateau, un fragment de hache en pierre polie. A l'ouest, la terrasse domine elle-même le lit du Petit-Buëch qui, comme l'arête des Guiaux, se dirige depuis son entrée sur le terroir de Chabestan, du nord au sud. La tour de Champcrose se trouve campée sur la bordure occidentale de la terrasse, au dessus du Buëch. Un rencontre de cerf la décore et M. Joseph Roman indique que ce fut le blason de la famille des Vieux, *Veteris*, coseigneurs de Sigottier et de Champcrose. Des bâtiments de ferme l'accompagnent. Sur la terrasse, en remontant de la tour vers le nord, mais avant d'arriver à Fonteille qui est au terroir d'Oze, M. Henry Itier rencontra, le 10 septembre 1902 dans les terres labourées, quelques scories d'un vert très sombre confinant sur le noir, qui pourraient, sous toutes réserves, provenir d'une fonte de bronze. Le *tumulus* n° 12 se trouve à une centaine de mètres de la tour, dans la direction de l'est, et sur le bord septentrional d'un chemin qui, de la tour, gagne le pied du plateau des Guiaux.

A l'endroit précis du tumulus, la surface de la terre arable naturelle, qui recouvre la basse terrasse et qui se trouve parsemée de galets petits ou gros, n'est pas entièrement plane: elle est légèrement déclive. L'orientation du plan s'incline du N.-E. au S.-O.

Cette couche superficielle et naturelle de terre arable se trouve actuellement livrée à la culture : elle est remuée par les labours annuels.

Au-dessus d'elle surgit le tumulus : c'est une éminence dont la forme se rapproche davantage d'un tronc de cône que d'une calotte sphérique. Mais actuellement le profil en

Creuse, Dordogne, Drôme, Isère, Haute-Loire, Lot, Lozère, Puy-de-Dôme, Saône-et-Loire, Vaucluse) sans compter Crozemarie (Hte-Loire) et Villecroze (Var). On a des lieux dits *Crozes* et *les Crozes* (Ain, Aude, Aveyron, Drôme, Haute-Garonne, Hérault, Isère, Lot, Lozère, Saône-et-Loire, Tarn); enfin Crozet, le Crozet (Ain, Isère, Loire, Puy-de-Dôme, Rhone, Savoie); les Crozets (Jura, Savoie), Crozette (Rhone).

En Saône-et-Loire, sur le terroir de Perrecy existe un Champcroux à rapprocher de Champcrose.

est plus renflé et légèrement plus élevé vers le S.-O., plus
aplati et allongé vers le N.-E. : d'un côté la pente en est
plus rapide et plus courte, de l'autre, plus douce et plus
longue. C'est donc, au demeurant, le profil d'un ovoïde
écrasé dont le long axe de courbure s'orienterait du S.-O.
au N.-E., en sens inverse, par conséquent, de la pente
naturelle de la terrasse orientée du N.-E. au S.-O.

Si l'on se porte à la circonférence du tumulus, telle
qu'elle repose sur le plan du sol naturel, au N.-E. le
sommet du tumulus paraît être à 85 ou 90 centimètres
au-dessus du sol. Au S.-O. il paraît être à 1^m15. A la
périphérie du secteur N.-O., S.-O., S.-E. qui est ainsi le
plus élevé, comme le plus renflé, on aperçoit des blocs de
forme plus ou moins sphérique, placés à 0^m50 ou 0^m80 l'un
de l'autre, à peu près tous au même niveau et émergeant
plus ou moins du tumulus. Ce niveau est établi par le fait
que celui de ces blocs placé au S.-O. se trouve assis à
environ 0^m30 au-dessus du sol naturel : la partie de ce bloc
qui émerge a environ 0^m15 de haut. Les autres blocs de

Des lieux dits *Croux* et *la Croux* existent dans l'Allier, l'Aude,
l'Aveyron, le Cantal, en Saône-et-Loire et dans la Haute-Vienne. Il
faut y ajouter Crousaz, en Savoie ; Crouzet et le Crouzet dans neuf
départements (Ardèche, Aveyron, Doubs, Eure-et-Loir, Gard, Hérault,
Haute-Loire, Lozère et Tarn) ; les Crouzets en Aveyron, la Crouzette
dans l'Hérault ; Crouzettes et les Crouzettes dans la Haute-Garonne
et le Tarn ; Crouseilles (Basses-Pyrénées), Crousille (Indre), Crouzille
et la Crouzille (Puy-de-Dôme, Sarthe, Haute-Vienne), Crouzilles
(Indre-et-Loire), les Crouzillons (Puy-de-Dôme), Crouziols (Haute-
Loire), Crouzol (Puy-de-Dôme), Crouzols (Cantal). Puis Cruez
(Savoie), Cruis (Basses-Alpes), Cruix (Rhône), les Crus (Saône-et-
Loire), la Crusaz (Haute-Savoie) ; les Cruisettes (Rhône), Cruizon
(Rhône), la Cruseille et Cruseilles (Haute-Savoie), Crussol (Ardèche),
Cruxiol (Puy-de-Dôme), Cruzille et la Cruzille (Isère, Loire, Saône-et-
Loire), Cruzilles (Ain, Saône-et-Loire). Cf. les formes Creu et le
Creu, Creusaz et la Creusaz, Creuse et la Creuse, les Creuses, le
Creuset, les Creusets, les Creusettes, le Creusot, le Creux, les Creux,
le Creuzet, le Creuzot.

Ce sont là des centaines de sites, méridionaux pour la plupart, où
il y aurait plus ou moins lieu de vérifier s'il existe des tombes
apparentes et antérieures aux cimetières chrétiens.

cette rangée périphérique se rapprochent d'autant plus du niveau du sol naturel qu'ils s'éloignent du S.-O., puisqu'ils sont à peu près à la même hauteur que le premier. A la périphérie du secteur N.-O., N.-E., S.-O., ils n'apparaissent plus guère, noyés sans doute, sous la superficie actuelle du sol naturel.

Cette observation faite, si on fixe de nouveau la hauteur du tumulus en se plaçant au S.-O., on constate que jusqu'à la crète du bloc, elle est de 0ᵐ70 environ et jusqu'à son lit inférieur de 0ᵐ87. Cette hauteur de 0ᵐ87 ne diffère plus de la hauteur observée au N.-E. C'est la hauteur constante à laquelle il faut se tenir comme étant celle à laquelle correspond la base du tumulus, caractérisée par le cercle apparent des blocs. Cette base a été établie ainsi par les constructeurs au niveau le plus élevé du sol naturel vers le N.-E et dans le secteur S.-O. ils ont dû bloquer des matériaux au-dessous de ce niveau artificiel pour racheter la différence avec le niveau le plus bas en cet endroit du sol naturel.

Si maintenant on relève la longueur de l'arc superficiel qui donne le diamètre apparent du tumulus, d'abord suivant l'axe N.-S., puis suivant l'axe E.-O., on obtient chaque fois une valeur de 9ᵐ80. Il en résulte que le *tumulus* est nettement circulaire.

Vérification faite, le nord réel, sans tenir compte de la déclinaison occidentale de 13⁰ coïncide à peu près à l'horizon avec l'arête de la montagne de Corps, dans son prolongement occidental[1]. A l'est, se trouve Côte-Belle[2]; au sud, les cimes placées entre Savournon et Saint-Genis[3]; à

---

[1] Vers le point coté 1989 sur la carte de l'intérieur (feuille XXIII-30) : le point oriental de cette arète, coté 2360, est le point culminant. La montagne de Corps, entre le Trabuëch à l'ouest et le torrent de Labéoux à l'est, sépare Lus-la-Croix-Haute au nord, de Saint-Julien-en-Beauchène au sud.

[2] Point coté 1870, entre Saint-Auban-d'Oze à l'ouest, Châteauneuf-d'Oze et la vallée du Drauzet, ou petit Drac, *Dravusetum*, au nord et à l'est, Esparron au sud. (Feuille XXIV-31).

[3] Point coté 1363 (Feuille XXIII-31).

l'ouest, les cimes des Plaigneau... qui mènent du rocher du Penas, sur les confins de la Drôme [1].

La surface apparente du tumulus se trouve garnie de pierres assez petites et de terre. Les pierres sont tapissées de lichens et la terre d'herbes diverses mêlées à de la mousse. Au sommet, un petit rosier sauvage et vers le S.-O., à deux mètres du centre, une légère dépression produite, il y a déjà longtemps, par l'abattage d'un chêne dont les racines à moitié décomposées subsistent dans les profondeurs.

Examen de la calotte superficielle. — Le site et l'aspect du *tumulus* établis, il convient de commencer les fouilles en examinant la première couche superficielle de la tombe. Prenant, comme point de départ, l'arc apparent des blocs rangés en assise périphérique à la base du secteur S.-O., on cherche à dégager progressivement cette assise à partir du point où elle disparaît dans le sol labouré. La pioche remonte du S.-O. au N.-E. en passant par l'ouest et le nord ; puis, elle redescend du N.-E. au S.-O. en passant par l'est et le sud. Le résultat est satisfaisant. Sans creuser seulement à la profondeur d'un sillon normal, elle parvient à dégager nettement un contour pavé, avec un bloc plus considérable d'environ o^m3o d'axe en moyenne et placé de loin en loin c'est-à-dire tous les o^m8o ou o^m9o environ ; ce contour fait certainement de main d'homme s'appuie sur le plan de la terre naturelle et affecte, dans son ensemble, une forme positivement circulaire. Le pourtour total mesure environ 28^m4o de circonférence. Cette base reconnue, on commence à déblayer la calotte superficielle du *tumulus*, en réservant au centre établi par la rencontre des deux axes N.-S. et E.-O. une motte apparente et intacte d'environ o^m2o de diamètre. Partant de la circonférence extérieure des blocs apparents vers le N.-E., la ligne des pioches s'avance vers le centre, suivant l'axe de N.-E. au

[1] Entre le rocher du Penas au nord et le point coté 1376. Cette arête sépare Aspremont à l'est de la Piarre à l'ouest (Feuille XXIII-31).

S.-O. On ne tarde pas à reconnaître que la circonférence
des blocs placés à la base du *tumulus* ne forme pas un
anneau pavé, vide et isolé. Cette circonférence doit constituer la périphérie d'une aire circulaire entièrement pavée.
La pioche doit donc s'efforcer de respecter ce cercle pavé
aussi bien que l'anneau des blocs périphériques : on déblaie
simplement les matériaux de la calotte superficielle qui le
recouvrent. Cette calotte, dans sa profondeur comme à sa
surface, se compose de terre friable, intentionnellement
mêlée à une quantité de pierres assez petites lesquelles
sont généralement plus longues que larges et placées à
plat dans la masse. Il semble d'ailleurs que leur volume
augmente plus on s'éloigne de la surface. Toute la masse
est criblée par les racines des plantes qui végètent à la
surface : ce réseau augmente encore la consistance de
cette masse.

Dans le travail de déblaiement, se rencontre le premier
fragment à noter :

1. Petit os à 1ᵐ du centre vers l'est et à 0ᵐ30 de
      profondeur sous le niveau de la motte centrale.

A la fin de la journée le déblaiement des matériaux de
la calotte au-dessus de l'aire pavée est opéré pour tout
le secteur compris entre le N.-O., le N.-E. et le S.-E.,
c'est-à-dire pour la moitié de la superficie totale du
tumulus. On constate que l'aire pavée ne se présente pas
comme une surface plane : sa forme est nettement bombée.
Le pavage se compose de pierres de moyenne grosseur,
d'un volume plus considérable que le cailloutis employé
dans l'épaisseur de la calotte superficielle. Dans ce pavage
bombé, de loin en loin, un bloc de masse particulièrement
remarquable, se détache légèrement en relief sur la surface.
Ce relief peut être en moyenne de 0ᵐ10 ; comme diamètre,
ces blocs ressemblent à ceux qui garnissent la périphérie
également en relief. Mais il est encore impossible de
distinguer à quoi répondent ces blocs insérés dans le
pavage intérieur. L'un d'eux se rencontre à 3ᵐ du centre
et un autre à 1ᵐ seulement environ. Enfin, sous la motte

superficielle, conservée au centre comme témoin, se constate à l'improviste l'existence d'un gros bloc pyramidal de
flisch posé debout dans le pavé, de manière à ce que son
sommet monte à o^m15 du niveau supérieur de surface de
la calotte.

Examinant la coupe verticale de la calotte obtenue, suivant
l'axe du N.-O. au S.-E., par le déblaiement déjà effectué,
on observe qu'au centre, là où le pavé est le plus bombé,
la profondeur de la calotte est d'environ o^m40 ; elle se
compose d'une dizaine de couches de petites pierres mêlées
comme il a été dit, à de la terre. Par suite, le bloc central
prééminent émerge de o^m25 environ au-dessus du pavé
qu'il domine.

25 AOUT

Travail presque nul interrompu par le mauvais temps.
M. Lambert qui survient à huit heures en même temps
que la pluie peut à peine vérifier l'orientation du *tumulus*
et son diamètre. L'après-midi, visite au plateau des
Guiaux, en compagnie de M. Charles Romieu. Trouvé un
débris de hache en variolite polie.

26 AOUT

Reprise du travail en continuant le déblaiement de la
calotte superficielle et rencontre des fragments suivants :

2. Os placé près d'une grosse pierre en relief du pavage,
    à 1^m du centre vers l'est et environ o^m30 de profondeur
    sous le niveau prolongé du sommet.
3. Côte à 2^m30 vers le S. et o^m30 de profondeur.
4. Petit os à 1^m60 vers le S. et o^m20 de profondeur.
5. Petit os à 1^m30 vers le S. et o^m30 de profondeur.
6. Tout petit fragment de poterie qui paraît de coloration
    rouge, à côté d'une grosse pierre en relief du pavage,
    blanche, ronde et plate, à 3^m vers le S.-E. et à
    o^m30 de profondeur.

De plus on constate à 3^m35 vers le S. des traces de
charbon de bois, presque à la surface du tumulus,

c'est-à-dire à o^{m}3o ou o^{m}35 au-dessous du niveau prolongé du sommet.

7.   Os a 2^{m}40. à 10° au-dessus de l'O. et à o^{m}40 de
       profondeur.
8.   Fragment de poterie rouge à 1^{m}10 vers le S. et o^{m}40
       de profondeur.
9.   Côte à 1^{m}20 vers le S. et o^{m}40 de profondeur.
10.   Os à 2^{m}20 vers l'O. et o^{m}3o de profondeur.
11-12.   Deux dents à 2^m vers l'O. et o^{m}3o de profondeur.
13-18.   Six os à o^{m}8o vers le S. et o^{m}20 de profondeur.
19-28.   Dix fragments d'os à 2^{m}5o vers l'O. et o^{m}3o de
       profondeur.

Le déblaiement arrivé à ce point, on distingue suffisam-
ment les blocs en relief du pavé pour se rendre compte
qu'une série de ces grosses pierres arrondies, à environ
3^m du centre et à o^{m}3o de profondeur au-dessous de la
surface du talus de la calotte, c'est-à-dire à environ o^{m}6o
au-dessous du niveau supérieur prolongé idéalement,
forme une circonférence concentrique avec celle de la
périphérie.

29.   Fragment d'os d'oiseau à 1^m vers le S. et o^{m}3o
       de profondeur.
30.   Fragment d'os à 1^{m}90 vers l'O. et o^{m}3o de profondeur.
31-41.   Onze fragments d'os qui paraissent humains à
       1^{m}40 vers l'O. et o^{m}3o de profondeur.
42.   Silex taillé à 2^{m}8o vers l'O. et o^{m}3o de profondeur
       à côté d'une des grosses pierres de la circonférence
       médiane.
43-44.   Deux fragments d'os à 1^{m}10 au N.-O. et o^{m}3o
       de profondeur.
45-46.   Deux os à 1^{m}20 à l'O. et o^{m}20 de profondeur.
47.   Os à o^{m}5o vers le S. et o^{m}10 de profondeur.
48.   Os à o^{m}5o vers le S. et o^{m}3o de profondeur.
49.   Os à 1^{m}40 à l'E. et o^{m}35 de profondeur.
50-52.   Trois os à o^{m}90 à l'E. et o^{m}40 de profondeur.
       Ces trois os sont placés en dessous et à l'est de la
       grosse pierre pyramidale du centre.

53-57. Cinq fragments d'os à 1^m10 à l'E. et 0^m40 de
profondeur.

Même site que les précédents.

58-90. Trente-trois fragments d'un os à 2^m60 à l'E. et
0^m20 de profondeur.

91-138. Vingt-neuf fragments d'os, vingt-et-une dents, à
1^m10 à l'E. et 0^m30 de profondeur.

Le déblaiement de la calotte se trouve terminé, en
conservant toujours au centre la motte superficielle qui,
maintenant isolée, s'appuie sur le bloc central du pavé.

En somme la calotte superficielle, composée de cailloutis
et de terre friable, ne contenait aucun débris, comme
l'indiquent les profondeurs à peu près constantes auxquelles
ils ont été rencontrés. Tous ces ossements paraissent
reposer sur la surface de l'aire pavée : quand les pierres
n'en étaient pas bien jointes, quelques-uns ont glissé entre
elles. Après s'être acquittés du travail fatigant qui consistait
à recouvrir la sépulture de cette aire pavée, destinée à la
mettre à l'abri des fauves, il semble que les ouvriers réunis
sur cette aire se soient reposés en faisant un repas funéraire, après lequel il ne leur restait plus qu'à recouvrir
l'aire de la calotte superficielle. Presque tous les débris ont
été trouvés jusqu'à présent au sud et à l'ouest ; de plus, à
l'est, s'est rencontré un dépôt important de dents ; mais
au nord il n'y a aucun vestige. Cette localisation sur le
secteur méridional est à noter. Toutes les pierres du pavé
sont d'une couleur qui tire sur le blanc ; une seule petite
pierre est verte. Toutes sont des galets naturels.

On a déjà noté une circonférence de blocs en relief à la
périphérie, à 4^m90 du centre et au point de rencontre du
talus de la calotte superficielle avec le contour du pavé
bombé. Puis on a remarqué un bloc central de grès
dominant ce pavé de 0^m30. Enfin on a relevé une seconde
circonférence médiane, caractérisée par des blocs arrondis
et en relief de 0^m10 qui chacun mesurent 0^m30 d'axe dans
le sens du centre à la périphérie ; cette circonférence
médiane s'emplaçait à 3^m environ du centre et à 0^m30 sous
la surface penchée du talus superficiel.

Maintenant que toute l'aire pavée se trouve déblayée, on aperçoit une troisième et dernière circonférence, à 1ᵐ environ du centre et à 0ᵐ40 sous le niveau supérieur de la calotte superficielle. Cette circonférence centrale se compose de blocs pareils à ceux qui forment les deux autres.

Telle est la disposition de l'aire pavée : en certains endroits, sa forme régulière a subi des affaissements accidentels et ces affaissements coïncident avec la présence de racines plus nombreuses et plus drues qu'ailleurs. Spécialement vers l'est, on observe un affaissement caractéristique de l'aire, au pied de la pierre levée du centre, entre ce bloc et la circonférence médiane. Il semble qu'une plus grande richesse de la terre végétale inférieure ait attiré là les racines et que le sol ait subi à la longue un affaissement correspondant. Ce fait ne suffirait pas à expliquer à lui seul, sans doute, l'aplatissement du secteur N.-E. de la calotte superficielle observé dès le premier moment, mais il l'a forcément accentué.

27 AOUT

139-141. Deux dents et un fragment d'os à 1ᵐ10 à l'E. et 0ᵐ30 de profondeur.

142-145. Une dent et trois fragments d'os à 1ᵐ10 à l'E. et 0ᵐ30 de profondeur.

146. Un anneau de bronze à 3ᵐ ou 3ᵐ30 au N. et 0ᵐ30 de profondeur.

    Cet anneau est situé près l'un des blocs qui forment la circonférence médiane et ce bloc, par rapport au centre du tumulus, est exactement orienté au nord.

147. Une pointe de flèche en silex à 3ᵐ30 au N., tirant légèrement sur le N.-O., et 0ᵐ30 de profondeur.

148. Petit fragment de poterie, d'une pâte noir grisâtre avec grains de calcite, à 3ᵐ30 au N. et 0ᵐ30 de profondeur.

M. Lambert présent note que les galets, dont se trouve composé le pavé, sont pour la grande partie des galets du sénonien au milieu desquels s'aperçoivent quelques rares

galets de flisch. Tous ont dû être ramassés sur cette basse
terrasse qui supporte le site funéraire.

Examen de la tranche du pavé. — Après avoir déblayé
la calotte superficielle et ramassé les débris demeurés à la
surface du pavé il convient d'examiner l'épaisseur de ce
pavé dont la disposition bombée avec trois circonférences
de blocs concentriques et une borne centrale est déjà
connue.

Désormais l'orientation des débris sera fixé d'une manière
encore plus précise. Leur profondeur cessera d'être établie
par rapport aux niveaux de superficie de la calotte qui
variaient, puisque, suivant le site de l'objet sous le sommet
horizontal ou sous les talus en pente de cette calotte, les
profondeurs notées indiquaient simplement ce qu'il y
avait de terre sur l'objet en se rapportant tantôt au niveau
supérieur, tantôt au niveau du talus plus ou moins bas. La
profondeur de chaque débris indiquera son éloignement
du plan horizontal passant par la surface de la motte qui
marque la plus grande hauteur du *tumulus* au-dessus du
lit sur lequel repose la circonférence périphérique des
blocs.

La pioche commence à enlever le pavé par le secteur
septentrional, en partant du nord pour aboutir à l'axe
est-ouest du *tumulus*.

149. Fragment d'os à o^{m}9o N. 1/4 N.-O. et o^{m}7o de
   profondeur.

150-151. Deux fragments d'os à 1^{m}4o N. 1 4 N.-O. et
   o^{m}7o de profondeur.

152-153. Os, entre les pierres du pavé, à 2^{m}6o O. et
   o^{m}6o de profondeur.

154-158. Une dent, un os et trois fragments d'os à
   1^{m}6o N. 1 4 N.-O. et o^{m}7o de profondeur.

159. Un fragment d'os à 2^{m}6o O. et o^{m}6o de profondeur.

160. Un fragment d'os rongé par les vers, sous le pavé,
   à 1^{m}7o N.-E. et o^{m}7o de profondeur.

Bientôt on peut remarquer que le pavé au N.-E. se
compose d'une seule couche de pierres ; en avançant vers

l'axe dirigé du N.-O. au S.-E., il en révèle deux et, sans doute, au S.-O. il en contiendra au moins trois. C'est une conséquence du fait déjà remarqué que l'orientation de la terrasse naturelle s'incline du N.-E. au S.-O. Les constructeurs du tumulus ont voulu l'élever d'aplomb et, prenant comme ligne de base le point le plus élevé au N.-E., ils ont racheté la différence naturelle de niveau dont le maximum se trouve au S.-O. par des couches supplémentaires de galets en sous-œuvre. Dans la partie intermédiaire où le pavé se compose ainsi de deux couches superposées de galets ayant chacune 0^{m}15 et quelquefois 0^{m}20 de haut. quand on aborde un des gros blocs de 0^{m}30 d'axe horizontal qui forment la circonférence on n'est pas surpris de constater que la hauteur du bloc équivaut à celle des deux rangs de galets si même elle ne la dépasse pas légèrement.

161-224. Cinquante-neuf fragments d'os, quatre dents et un silex noir rencontrés 2^{m}50 à l'E. et avec 0^{m}70 de profondeur, au niveau de la deuxième rangée inférieure du pavé.

225-242. Treize fragments d'os et cinq dents au même endroit.

243-244. Deux fragments de poterie rouge à 2^m vers le S. et 0^{m}60 de profondeur sous le deuxième rang inférieur du pavé.

La pioche achève de déblayer le pavé du secteur septentrional : le seul rang de galets dont il se compose repose directement sur la terre arable que les géologues dénomment lehm et qui, elle-même, surmonte le lœss.

28 AOUT

245-247. Morceau en trois fragments de poterie noire épaisse. non lustrée à pâte homogène, placé sur le pavé à 2^{m}40 au N.-E. et 0^{m}85 de profondeur.

248. Morceau de poterie noire, fait au tour, moins épaisse. à surface lustrée et à pâte plus fine. placé sur le pavé, à 1^{m}80 au N.-E. et 0^{m}85 de profondeur.

En cet endroit le lehm a 0^{m}3o de profondeur ; par dessus
les deux rangs du pavé ont une hauteur de 0^{m}5o.

249-250. Deux dents, l'une incisive humaine avec sur-
dent, l'autre prémolaire de carnassier, à 2^{m}5o à l'E. et
0^{m}7o de profondeur. Même site que les n°s 161 à 224.

251-283. Six morceaux d'un fragment de poterie noire
de 7^{mm} d'épaisseur dont la pâte contient des grains de
calcite ; seize fragments d'os dont un, entre autres,
a été cuit et garde une couleur grisâtre ; dix dents dont
une en deux fragments. Le tout à 1^{m}25 au S. 1/4
S.-E. et à 0^{m}6o de profondeur, entre les pierres du
deuxième rang du pavé.

284-293. Une esquille et huit fragments d'os ; une dent,
à 2^{m}4o à l'E. et 0^{m}7o de profondeur ; au niveau de la
terre végétale sous le pavé. Même gisement que les n^{os}
161-224, 249-250.

294-302. Une défense de sanglier ou marcassin et huit
fragments de poterie mince à pâte rouge de 4^{mm}
d'épaisseur à 1^{m}7o au S. 1/4 O. et 0^{m}5o de profondeur ;
au niveau de la terre végétale.

303. Un fragment d'os à 1^{m}3o au S.-E. et 0^{m}5o de
profondeur.

304-315. Un anneau de bronze, un fragment de poterie
rouge et dix fragments d'os à 1^{m}5o au S. 1/4 O. et à
0^{m}6o de profondeur sous le deuxième rang du pavé.

   L'anneau, de tranche circulaire, mesure 18^{mm} de
diamètre extérieur et 12^{mm} de diamètre intérieur. Il a
donc 3^{mm} d'épaisseur. Ce qui fait son intérêt c'est que
d'un côté il est très usé à l'intérieur, tellement qu'en un
point son épaisseur se réduit de 3^{mm} à 1^{mm}. Du côté
opposé, c'est-à-dire à 90° de cette usure intérieure, il
s'aplatit à l'extérieur. Cet aplatissement a 8^{mm} de long
et réduit l'épaisseur de l'anneau à mi-hauteur à 2^{mm}.
M. Lambert estime que cet anneau devait servir à
tendre une courroie. L'anneau était fixé du côté plat à
cette courroie de 8^{mm} de large et la courroie par sa
tension, tordue en ganse, a usé fortement à la longue

la partie intérieure du côté opposé de l'anneau où portait l'effort.

316. Un anneau de bronze à 1^m3o au S. et 0^m5o de profondeur. Cet anneau a 17^{mm} de diamètre intérieur et 3^{mm} d'épaisseur, mais il n'a qu'un relief de 1^{mm} parce que sa tranche est segmentaire au lieu d'être circulaire.

317-346. Vingt-neuf fragments d'os et une dent à 1^m3o au S. 1/4 O. et 0^m6o de profondeur.

347. Un fragment de poterie rouge à 1^m7o au S. 1/4 O. et 0^m55 de profondeur.

348-349. Un fragment d'os et une dent à 1^m3o au S. 1/4 O. et 0^m6o de profondeur. Même site que les n°s 317-346.

350-354. Cinq fragments d'os à 1^m55 à l'O. et 0^m6o de profondeur, au niveau de la terre végétale.

355-359. Quatre fragments d'os et une dent à 1^m3o au S. 1/4 O. et 0^m6o de profondeur. Même site que les n°s 348-349.

360-365. Cinq fragments d'os et une dent à 1^m3o au S. 1/4 O. et 0^m6o de profondeur. Même site que les n°s 348-349, 355-359.

366-367. Un fragment d'os et une dent à 1^m55 à l'O. et 0^m6o de profondeur.

368. Un anneau en bronze à 1^m5o S. 1/4 O. et 0^m6o de profondeur. Diamètre extérieur : 24^{mm} ; diamètre intérieur : 18^{mm}. Diamètre de l'anneau : 3^{mm}. Tranche segmentaire : 1^{mm} d'épaisseur.

369-371. Un fragment d'os cuit et deux fragments de poterie à 1^m55 à l'O. et 0^m6o de profondeur.

Cette poterie non lustrée, de 3^{mm} d'épaisseur, est un bord de vase à anse. La pâte est de couleur orangée.

372. Un fragment d'os à 1^m5o au S.-O. et 0^m6o de profondeur.

373-376. Une dent, un os, deux fragments d'os à 1^m45 à l'O. et 0^m6o de profondeur.

377-378. Deux os à 1^m45 à l'O. et 0^m6o de profondeur.

379-380. Deux fragments d'os d'oiseau rongés à 1^m45 à l'O. et 0^m6o de profondeur.

A ce moment, la fouille rendue plus attentive par les rencontres d'anneaux de bronze, dégage à 1^m15 au S. 1/4 O. et à 0^m55 de profondeur, sur une dalle penchée vers le sud, un fémur en trois fragments. C'est la première trace certaine d'un squelette inhumé entre la première et la seconde couche du pavé. La direction de ce fémur fait supposer que la tête est au nord et les pieds au sud du point où il se trouve avec une orientation générale du corps N. 1/4 E. à S. 1/4 O. De fait, laissant provisoirement en place ces trois fragments de fémur, on rencontre :

381-382.   Deux os du pied gauche à 1^m55 au S. 1/4 O. et à 0^m60 de profondeur.

383.   Une dent à 1^m50 au S.-O. et à 0^m60 de profondeur.

384.   Un os du pied gauche à 1^m60 S. 1/4 O. et à 0^m60 de profondeur.

Décidant de faire disparaître la motte superficielle et le bloc pyramidal de flisch conservés au centre jusqu'à ce moment, on constate que le centre du pavé sous le niveau disparu de la superficie est à 0^m30 de profondeur. Ce centre est désormais formé par une pierre ovale qui constitue encore le point culminant du pavé bombé.

385-386.   Deux os sous le centre de la superficie et à 0^m20 de profondeur.

Désormais le squelette se découvre complètement, après avoir enlevé la rangée supérieure des galets du pavé et en époussetant soigneusement avec de petits pinceaux de crin la terre placée au-dessous.

387-391.   Cinq fragments de l'orbite à 0^m40 du centre vers le S.-O.

392-413.   Vingt-deux fragments d'os parmi lesquels :
Deux fragments de côte à 0^m75 du centre vers le S.-O.
Un fragment du bassin à 0^m95 du centre vers le S.-O.
Quatre fragments de l'humérus droit, le plus rapproché à 0^m70 et le plus éloigné à 0^m95 du centre. Ce bras se détache un peu plus à l'Ouest.

414-428.   Quatorze fragments d'os et un petit os à déterminer, parmi lesquels :

Trois fragments du fémur droit, à 1^m10 du centre le plus rapproché et à 1^m35 le plus éloigné. Ces derniers sont ceux découverts plus haut et laissés en place.

429-433. Un fragment du fémur gauche à 1^m15 du centre et placé à 0^m20 sur la gauche du droit.

Quatre fragments du pied droit, le plus rapproché à 1^m60, le plus éloigné à 1^m70 du centre.

434-549. Onze dents et cent cinq fragments du crâne reposant sur une pierre plate, le sommet à 0^m15 (?) du centre vers le S.-O. (?)

Au nord de la tête est la grosse pierre ovale qui sert de centre culminant au pavé. Le corps est logé dans un évidement de 0^m40 de large sur 1^m60 de long, à peine indiqué, outre le bloc au nord de la tête, par quelques pierres du pavé, placées en bordure et levées avec un très faible relief. Comme le pavé est bombé, cet évidement se trouve légèrement penché vers le sud.

550. Un anneau en bronze trouvé à plat sur la dalle qui soutient la tête, à la hauteur du cou et au-dessus de l'épaule droite.

Cet anneau, de forme ovale, mesure dans le sens de son petit axe, comme diamètre extérieur, 39^{mm} et comme diamètre intérieur 34^{mm}. Il mesure dans le sens du grand axe, comme diamètre extérieur, 41^{mm}, et, comme diamètre intérieur, 36^{mm}. Il est de section quadrangulaire : il se compose d'un brin dont les extrémités sont libres et l'une d'elles se termine en pointe. Ce brin se contourne en ovale de manière que les extrémités chevauchent l'une sur l'autre de 20^{mm} dans l'espace compris entre le grand et le petit axe, sur un quart environ de la circonférence. La tranche extérieure porte des traits striés. Il serait difficile, à la réflexion, de voir dans cet anneau une boucle d'oreille. C'est plutôt une boucle destinée à lier les deux pièces d'étoffe ou de peau de la tunique sur l'épaule droite.

Elle remplissait l'office pour lequel existera plus tard la fibule.

551-552. Fragment de poterie noire à grains blancs de calcite, d'une épaisseur de 7^{mm}.

Trouvé en deux morceaux à 0^{m}25 au Sud et à 0^{m}5o au-dessous de la superficie. Ce fragment est à 0^{m}3o du crâne, mais en dehors de son logement.

553-569. Dix-sept fragments d'os du squelette placés entre la tête et les bras.

Ce sont notamment des fragments de côtes.

570-572 Trois dents du squelette.

573. Un anneau de bronze à 0^{m}3o du centre vers l'Est.

Le diamètre extérieur est de 24^{mm}, l'intérieur de 18^{mm}. La section est segmentaire : 1^{mm} d'épaisseur.

574. Os thoracique du squelette.

575-589. Quinze fragments du bras droit.

590. Un os indéterminé du squelette.

591-624. Trente-deux fragments du bras gauche qui pouvait mesurer 0^{m}27 de long, et deux dents.

625-626. Deux fragments d'un os sous le bras gauche.

On observe que, si les bras pendent naturellement le long du corps, les avant-bras, formant avec eux, comme direction, un angle de 110°, se replient sur les flancs de manière à ce que les poignets et les mains voilent le pubis. Le point où les poignets se superposent ainsi est à 0^{m}95 du centre et toujours, cela va de soi, au S.-O.

On peut ajouter que l'avant-bras gauche est le premier apparent; par conséquent, le mort a été placé dans sa tombe avec le poignet droit replié sur le pubis, puis le gauche croisé sur le droit.

La dépouille gisait sur le dos, la tête un peu penchée sur la droite et les jambes assez divergentes l'une de l'autre.

Le corps regarde la pointe de la Grande Arambre[1] : à

----

[1] Le point 1435 dénommé Rocher d'Arambre entre La Bâtie-Montsaléon au nord, Serres et Savournon au sud (Feuille xxiii-31).

l'opposé se trouve la pente occidentale du massif d'Aurouse[1].

Cela revient à dire que l'orientation du corps se dirige à peu près exactement du nord au sud, suivant le nord réel. Pour être tout à fait exact, il y a une déviation de 10° environ du nord réel vers l'est et, à l'opposé, du sud réel vers l'ouest. Et, comme la déclinaison locale est une déclinaison occidentale de 13° environ, on peut ajouter que, par rapport à l'axe de cette déclinaison, la déviation de la sépulture est de 23° environ du nord magnétique vers l'est et, à l'opposé, de 23° environ du sud vers l'ouest.

Cette orientation du corps correspondrait à un lever de soleil qui se serait produit à 10° de l'est réel vers le sud, ou à un coucher opposé qui se serait produit à 10° de l'ouest réel vers le nord. Il faut supposer pour cela que le rite observé aurait consisté à placer le corps dans un axe perpendiculaire à l'apparition ou à la disparition de l'astre du jour[2].

Il est visible qu'on a placé la tête du mort au centre du tumulus: cet emplacement assez naturel obligeait à effectuer la sépulture dans le secteur méridional.

Le relief insignifiant des galets dressés en petit nombre le long du corps et le manque de dalles plates qui auraient

---

[1] Il s'agit, plus précisément, de la pente occidentale, sur la Béoux, de la Crète des Bergers au terroir de La Cluse. La Crète des Bergers se détache à l'ouest du plateau de Bure. (Feuille xxiv-3o).

[2] Dans le premier cas, celui d'un lever du soleil à 10° au-dessous de l'équateur, la sépulture aurait été élevée entre l'équinoxe d'automne et le solstice d'hiver.

Dans le second cas, celui d'un coucher du soleil à 10° au-dessus de l'équateur, la sépulture aurait été élevée entre l'équinoxe de printemps et le solstice d'été.

L'horizon montagneux augmente d'ailleurs de sa hauteur l'angle que le lever ou le coucher réel de l'astre fait avec la ligne de l'équateur. Si donc, vu du tumulus, le point, où disparaît le soleil à l'horizon montagneux, formait par hypothèse avec le point théorique où il disparaîtrait en plaine, un angle de 10°, la sépulture correspondrait à l'époque de l'équinoxe de printemps. Et si la hauteur de l'horizon montagneux est supérieur à 10°, l'époque de la sépulture précèderait d'autant cet équinoxe. C'est un point qu'il serait aisé de vérifier.

pu constituer une chambre funéraire bien équilibrée ont eu ce résultat que le corps s'est trouvé absolument écrasé entre les deux rangs du pavé bombé. Le squelette est positivement en miettes.

29 AOUT

627-640. Quatre dents et dix fragments d'os à 0ᵐ60 à l'O. du centre et à 0ᵐ20 vers l'O. de la tête.

On constate que les avants bras se croisent sur le corps à 0ᵐ90 ou 0ᵐ92 du centre du tumulus, [ce qui revient à dire à 0ᵐ70 ou 0ᵐ72 du sommet du crâne]. La saignée du bras gauche est à 0ᵐ83 du centre et à 0ᵐ70 du sommet du crâne. De même la saignée du bras droit est à 0ᵐ70 du sommet du crâne.

641-642. Deux os des côtes à 0ᵐ78 du centre, entre les bras.

643-647. Quatre os des côtes et un [de la main?], en dessous des précédents.

648-650. Trois os du bras gauche dont un porte une fracture ressoudée en dehors.

651-652. Deux os du bras droit.

653-654. Deux os de l'avant-bras gauche.

655-708. Cinquante quatre os d'avant-bras ou des mains.

709. Pierre à peu près circulaire placée sous le bassin, mesurant 20 × 25ᶜᵐ de diamètre, et 8ᶜᵐ de haut, bombée en-dessus et plate par dessous.

Cette pierre est à noter, non seulement par sa forme régulière, mais aussi par sa couleur et sa nature. On a dit que tout le pavé se trouvait composé de galets du sénonien et de quelques-uns du flisch. Ce pavé est donc de teinte claire. La pierre placée sous le bassin est au contraire assez foncée et tranche sur les autres. Elle est fort dure et se compose de paillettes bleu ou vert sombre noyées dans une pâte agglomérante. Après examen, c'est une spilite dont on trouve quelques galets peu abondants dans la vallée de la Durance qui proviennent du bassin du Drac. La pierre a donc

été choisie pour garnir le milieu du logement sépulcral.
en raison de sa forme, de sa couleur et de sa rareté.
Sous la tête existait un gros galet aplati qui ne paraît
pas être de nature spéciale.

710-711. A côté de l'avant-bras droit, près du bassin, une
petite dent de rongeur creuse et recourbée. Une autre
à côté de l'avant-bras gauche.

712-714. Trois dents sous le bassin.

715-732. Dix-huit os du bassin ou des pieds.

733. Sous le bassin, un anneau de bronze mesurant
18^{mm} de diamètre extérieur et 13^{mm} de diamètre
intérieur. Tranche ovale : 2^{mm} d'épaisseur.

734-743. Sept os du bassin ; une dent sous le bassin.
Également sous le bassin, deux os qui paraissent avoir
passé par le feu et avoir appartenu à un pied.

744-745. Deux dents de rongeur.

746-788. Quarante-trois os divers et cinq dents provenant de la terre tamisée autour de la sépulture, avec le
dessein de vérifier si cette terre ne contenait pas de
très petits objets qui auraient pu échapper.

789-790. Une dent incisive noircie et un os noirci trouvés sous le bassin ou les cuisses du squelette, 0^{m}20
plus bas que lui.

On peut rapprocher de ces deux fragments les os
noircis ou passés au feu déjà rencontrés.

791-793. Trois fragments d'un anneau en fer très oxydé,
trouvé au niveau de la sépulture, sous le bassin, à
gauche. Cet anneau pouvait mesurer 30^{mm} de diamètre.

Cet objet est à rapprocher de l'article 733.

794-801. Huit ossements, les uns du squelette (rotule ?),
les autres noircis. Ces derniers à rapprocher des
articles 789-790.

802-803. Deux dents de rongeur.

L'examen du niveau de la sépulture est terminé: la
pioche enlève le rang inférieur du pavé qui la supportait.

Examen de la couche naturelle de terre arable. — Actuellement, il ne reste plus rien en place du *tumulus* n° 12. On arrive au niveau de la terre arable qui le supportait. Au centre du *tumulus* enlevé, la surface de cette terre se rencontre à 0ᵐ75 environ au-dessous du niveau le plus élevé de la calotte superficielle. A la périphérie du *tumulus* vers le S.-O., la surface de cette terre arable se rencontrait à 0ᵐ90 au-dessous de ce même niveau. Ceci précise l'observation que la basse terrasse, au site du *tumulus*, est orientée comme inclinaison du N.-E. au S.-O. Le rayon du *tumulus* étant de 4ᵐ90. on voit que le sol de la terre baisse de 0ᵐ15 pour 5ᵐ dans cette direction, à cet endroit.

804-805.   Deux fragments de poterie de teinte gris noir, de pâte compacte et homogène sans grains de calcite, autant qu'on peut en juger, à 0ᵐ90 au S. du centre et à la surface de la terre arable.

C'était un vase à fond plat ; d'après la courbe, le fond plat intérieur pouvait avoir 10ᶜᵐ de diamètre et le fond plat extérieur 12ᶜᵐ. L'épaisseur maximum entre la circonférence des deux, mesure 11ᵐᵐ. Au centre, l'épaisseur se réduit à 7 ou 8ᵐᵐ.

806-808.   Un anneau en bronze à 1ᵐ10 au S. 1/4 O. et au niveau supérieur de la terre arable. Un os en deux fragments se trouve passé au travers. Diamètre extérieur 33ᵐᵐ. Diamètre intérieur 29ᵐᵐ. Tranche circulaire de 1ᵐᵐ. Patine vert bleu clair. Cet anneau se casse. en raison de son faible diamètre : la cassure du métal se présente d'un rouge violacé. Ce doit être du cuivre à peu près pur.

Si c'était un bracelet, le poignet n'aurait eu que 92ᵐᵐ de tour.

809-819.   Quatre fragments d'os trouvés à côté du précédent objet.

813-824.   Une vertèbre, une dent. cinq fragments d'os du squelette, cinq dents de rongeur. Le tout provenant en dernier lieu de la terre de la sépulture tamisée à part.

La surface de la terre arable ne fournissant plus rien, la pioche opère une tranchée dans l'axe N.-E. S.-O. et de

0^m3o de profondeur jusqu'au niveau du sol primitif qui
constitue, à proprement parler, la basse terrasse. Il n'y
a pas trace d'incinération ou d'objet enfoui dans cette terre
arable dont la profondeur paraît même n'avoir jamais été
remuée. Il est inutile d'aller plus loin.

Conclusions. — Telle est, dans ses dispositions essentielles, la structure d'un *tumulus* à inhumation qui date,
comme on peut le penser, des environs du Xe siècle avant
J.-C. et qui remonte à l'hégémonie dans la région alpine
des chefs appartenant à la race « dinarique ». De langue
illyrienne, ce sont eux par conséquent qui, les premiers,
aient parlé un idiome aryen dans ce pays. Ces chefs
avaient quitté la région de la Traun, de la Drave et de
l'Isar, armés du poignard à antennes. L'une de leurs
bandes s'arrêta entre le Rhône, les Alpes et la Méditer-
rannée : en mémoire de la patrie, l'Isère, le Drac, le
Drauzet, la Drôme, reçurent d'eux un nom qu'aucun
régime politique plus récent n'a encore songé à changer,
depuis près de trois mille ans. Ce sont ces illyriens qui
paraissent être venus sous le nom d'Ibères[1] ; les osques,
malgré leur soumission, gardèrent leur langue euskarienne,
mais, de ce côté-ci des Alpes, ils ne sont plus connus
que sous le nom de leurs vainqueurs. C'est ainsi que les
Français ne parlent pas la langue des Francs : cependant,
la masse des gallo-romains soumis a gardé le nom de
ses dominateurs barbares.

Au moment où furent élevés les *tumuli* de Champcrose,

[1] On appelle *bacchuber* une danse qui s'est perpétuée à Pont-
de-Cervières, dans le Briançonnais. C'est une danse sans danseuses ;
les hommes brandissent des épées au rythme du chant que scandent
les femmes. Si l'on se souvient que ce pays a été peuplé par les
Quariates (d'où le nom du Queyras) et si l'on observe que les *Quariates*, comme les *Autariates*, ont dû venir du bassin de l'Istros, on
sera persuadé que le *bacchuber* peut remonter à la danse de guerre
des Ibères de ce pays armés du poignard à antenne. Il va de soi
que, depuis ses origines, cette danse archaïque a forcément subi des
modifications. Le tout serait de savoir distinguer le fond essentiel et
permanent des accessoires changeants ; si les témoignages locaux et
anciens manquent, quelque canton reculé des Pyrénées fournirait
peut-être une survivance analogue.

on connaissait déjà le fer, mais le bronze restait le métal le plus employé. Les objets en silex étaient encore dans bien des mains. Cela va de soi.

L'époque de ces sépultures est celle où commençait à se répandre l'usage de la fibule : on n'en a cependant pas trouvé jusqu'à présent à Champcrose. Dans le *tumulus* n° 12, c'est un anneau brisé de bronze, en ovale, qui remplit encore le rôle de la fibule.

En dehors de la poterie primitive à grains de calcite dont une cuisson imparfaite ne rougissait la pâte que rarement dans son épaisseur, on connaissait aussi la poterie faite au tour et l'argile grise homogène. Il semble enfin qu'il y ait eu une poterie à pâte rouge et aussi fine que la grise : cependant les débris en sont trop infimes pour pouvoir en parler avec détails.

Le squelette du *tumulus* n° 12, orienté du nord au sud, est de petite taille. Son écrasement complet empêche de déterminer avec certitude la race à laquelle il appartenait. Appartenait-il à la race « occidentale » des osques brachycéphales ou à la race « insulaire » des libyens dolichocéphales ? C'est un secret qui demeurera. En tout cas, c'était un individu des races soumises à l'hégémonie des poignards à antennes.

En dehors de l'orientation du tumulus, ses principales dimensions donnent à réfléchir. On a dit qu'il mesure 28^m40 de circonférence, 9^m80 de diamètre superficiel, que trois circonférences concentriques s'observent sur le pavé, telles que les rayons des deux moindres sont respectivement de 3^m et de 1^m10 environ. D'autre part, les blocs qui marquent ces circonférences ont en général 0^m30 d'axe. Toutes ces dimensions essentielles paraissent avoir un commun diviseur dans la plus petite d'entre elles. De même pour la hauteur : la hauteur totale est de 0^m90. A la circonférence périphérique qui est la plus grande des trois, cette hauteur se calcule du niveau de la terre arable, au niveau prolongé du sommet horizontal de la calotte. A la circonférence médiane, cette hauteur se subdivise en trois éléments : 1° la profondeur verticale du pavé bombé au-dessus du

niveau de la terre arable qui est de 0^m3o environ ; 2° la profondeur verticale du cailloutis de la calotte, entre le pavé
au-dessous et la pente du talus au-dessus, qui est également
de 0^m3o ; 3° le surplus de la hauteur totale et verticale, entre
la pente du talus au-dessous et, au-dessus, le niveau prolongé du sommet de la calotte ; ce surplus est également de
0^m3o. Enfin, à la circonférence intérieure, la hauteur verticale, ne se compose que de deux éléments : 1° la profondeur du pavé au-dessus du niveau de la terre végétale qui
est de 0^m45 environ ; 2° la profondeur de la calotte, entre
ce pavé au-dessous et, au-dessus, le sommet de la calotte,
soit 0^m40.

L'examen des divers éléments de la hauteur amène à la
même conclusion que l'examen des diverses mesures hori-
zontales.

Si le diamètre superficiel et convexe de la calotte est de
9^m80, sachant que la circonférence périphérique est de
28^m40, rien n'est plus aisé que de retrouver le diamètre de
l'aire du sol naturel couverte par cette calotte et par le pavé
bombé. Une circonférence de 28^m40 suppose forcément, en
effet, un diamètre plan de 9^m04. Ce nouveau chiffre convient encore davantage au diviseur soupçonné dans 0^m3o.

A vrai dire, on ne saurait être trop prudent quand on
cherche à retrouver dans les monuments anciens les proportions établies sur un système de calcul et de mesures,
dont la tradition s'est depuis lors perdue. Spécialement, en
ce qui concerne des tombes si anciennes, la constatation de
mesures définies et de proportions nettes à de quoi sur-
prendre l'esprit moderne.

Il est difficile à un homme du XXe siècle de se persuader
qu'un autre homme du Xe siècle avant son ère, dont
quatre-vingt-dix générations le séparent, ait pu élever un
tombeau dont la silhouette et les lignes révèlent une har-
monie certaine. Ce lui sera d'autant plus malaisé, peut-on
dire, qu'il sera pénétré davantage de la réalité du progrès
humain constant et indéfini. Car, enfin, plus les siècles
passés furent civilisés, plus paraît lente dans son ascension
la marche de ce progrès dont les contemporains ont sous

les yeux le brillant niveau actuel. Plus, elle devra être lente dans l'avenir.

Cependant, les faits s'imposent : quand bien même des milliers de *tumuli* du Xe siècle avant J.-C. ne seraient que de vulgaires tas de cailloux amoncelés sans ordre, la structure et les proportions du *tumulus* n° 12 de Champcroze resteraient ce qu'elles étaient.

Les hommes qui parlaient la langue aryenne primitive savaient compter certainement jusqu'à cent et c'est déjà quelque chose [1] Les constructeurs du *tumulus* de Champcrose devaient aller jusqu'à mille; mais, quand bien même ils n'y seraient pas encore parvenus, on leur accordera bien la connaissance d'une mesure usuelle et le talent de tracer trois ronds concentriques dans un rapport simple avec cette mesure.

La plus petite dimension observée dans le *tumulus* à plusieurs reprises, celle qui doit servir de commun diviseur aux autres équivaut à trente centimètres ou environ. Cette valeur n'est autre que la dimension naturelle et moyenne du pied humain, mise en usage comme celle du pouce dès la plus haute antiquité historique, variant bien entendu d'une civilisation, d'une race, d'un pays à l'autre de trois ou quatre centimètres.

Dans le *tumulus* n° 12, si l'on table sur le chiffre du diamètre plan de 9^m04 établi par la circonférence de 28^m40 dont le pourtour n'avait certainement pas changé et dont la mesure a été relevée à dix centimètres près, on observe que 9^m04 équivalent à trente pieds de 0^m301. Ce résultat est aussi simple que concluant.

Encore une fois, puisque les constructeurs savaient compter jusqu'à cent, on ne s'étonnera pas de leur voir tracer un rond de trente pieds.

Et, en passant, c'est le cas de noter que le plus grand des *tumuli* de Champcroze, le n° 14, mesure à peu près 20^m sur 33^m. Ces mesures sont celles des diamètres

---

[1] *Isaac Taylor*, L'origine des Aryens, trad. par H. de Varigny. Paris, Battaille, 1895, p. 256.

superficiels de la calotte convexe. A supposer, ce qui ne s'éloignera pas beaucoup de la vérité, qu'il y a la même proportion de valeur entre les diamètres convexes et les diamètres plans de l'aire couverte pour ce *tumulus* nº 14 comme pour le nº 12, deux équivalences faciles à résoudre[1] font voir que le diamètre superficiel de 33^m répond au diamètre d'une aire de 30^{m}44 et que le diamètre de 20^m correspond au diamètre d'une autre aire de 18^{m}44.

Or, cent pieds de 0^{m}301 font très exactement 30^{m}10 ; soixante pieds de la même valeur équivalent aussi exactement à 18^{m}06. Dans les deux cas, l'erreur est moindre de 0^{m}40, ce qui prouve, entre parenthèses, que les mesures approximatives de M. Lambert ont été prises fort justes.

Ces résultats emportent la conviction.

On peut donc considérer comme acquis que les Ibères, d'origine danubienne et de langue aryenne, employaient à Chabestan vers le Xe siècle avant Jésus-Christ, un pied d'environ 0^{m}301.

Le *tumulus* nº 12 se compose d'un pavé à trois circonférences concentriques qui mesurent respectivement un diamètre d'aire de trente pieds pour le plus grand, de vingt pieds pour le moyen et de dix pieds pour le plus petit, c'est-à-dire de 9^{m}03, de 6^{m}02 et de 3^{m}01 respectivement pour cette valeur de 0^{m}301.

Sur le pavé qui est bombé, s'élève une calotte superficielle telle que la hauteur totale est de 0^{m}90, soit de trois pieds qui à 0^{m}301 donnent théoriquement 0^{m}903. A la distance de la seconde circonférence médiane, le pavé bombé mesure un pied de profondeur, la calotte, sous son talus penché, également un pied, et il reste un pied de haut, comme différence de niveau entre ce talus et le prolongement du sommet supérieur.

A la distance de la circonférence intérieure, le pavé bombé mesure un pied et demi de profondeur et la calotte aussi, car c'est là que le talus penché doit rejoindre le

---

[1] La première : $\dfrac{9,04}{9,80} = \dfrac{x}{33}$. La seconde : $\dfrac{9,04}{9,80} = \dfrac{y}{20}$. D'où $x = 30^m44$. et $y = 18^m44$.

sommet horizontal le plus élevé. Ce sommet horizontal de la calotte devait, primitivement, avant sa déformation, mesurer, lui-même, un diamètre d'aire de dix pieds. Enfin les blocs qui marquent les circonférences ont, en général, un pied d'axe dans la direction du centre à la périphérie.

La hauteur totale est ainsi le $1/10^e$ du diamètre d'aire horizontale total. Les proportions paraissent toutes être conçues dans le système de numération décimale : elles expriment des unités et des dizaines et l'échelle monte de 1 à 30.

Les constructeurs grecs des monuments de la Grande Grèce ont utilisé, dit-on, un pied italique de 0^m295 subdivisé en 12 onces, notamment à Pœstum. En Grèce même, le constructeur du Parthénon a utilisé un pied de 0^m3071, subdivisé en 4 palmes ou 16 dactyles. A Rome, le pied romain de la colonne Trajane est de 0^m2963. C'est celui que les romains portèrent dans les Gaules, comme en témoigne la Maison-Carrée de Nîmes, où le pied est divisé non pas en 12 onces mais en 16 doigts. Enfin, le pied gaulois était de 0^m326 et il se divisait en 12 pouces ; ce pied recula devant le pied romain mais il ne disparut pas et, quand l'hégémonie romaine prit fin, ce fut lui qui reprit le premier rang au moyen âge, connu sous le nom de Pied de Roi avec une valeur de 0^m325[1].

Comme dimensions, le pied ibère de Champcrose de 0^m301 se place entre le pied romain de 0^m296 et le pied grec de 0^m307 ; il se rapproche légèrement davantage du premier.

---

[1] Pour toutes ces valeurs, voir A. AURÈS *Etude des dimensions de la colonne Trajane au seul point de vue de la métrologie* (Mém. de l'Acad. du Gard, 1862) ; *Etude des dimensions de la Maison-Carrée de Nîmes au triple point de vue de l'archéologie, de l'architecture et de la métrologie* (Mémoires de l'Acad. du Gard, 1863-1864) ; *Etude des dimensions du Parthénon, au triple point de vue de l'architecture, des anciennes théories sur la valeur des nombres et de la métrologie* (Ibid., 1865-1866) ; *Etude des dimensions du grand temple de Pœstum au double point de vue de l'architecture et de la métrologie* (Paris, 1868, Baudry) : *Etude au point de vue de la métrologie gauloise des dimensions de trois inscriptions antiques* (Mém. de 'Acad. du Gard, 1867-1868), etc.

Un détail de la sépulture mérite en dernier lieu de retenir l'attention; dans ce tumulus, comme dans les précédents, on a trouvé un nombre assez grand de dents humaines qui manifestement ne proviennent pas du squelette inhumé. Il s'en est trouvé sous le bassin (nᵒˢ 712-714, 734, 789); il s'en est trouvé à l'Ouest de la tête (nᵘ 627-630), au Sud-Ouest (nᵒ 383), encore à l'Ouest (nᵒˢ 373, 366), au Sud 1/4 O. (nᵒˢ 360, 355, 348, 317), etc. En dehors de celles-ci, placées au niveau de la sépulture, mais plus ou moins loin de la tête, il s'en est retrouvé encore au-dessus du pavé vers l'Est à 1ᵐ10 du centre (nᵒˢ 139-140, 142, 91-111), au nombre de 24, ce qui en fait environ quatre douzaines, la moitié dessous et l'autre moitié dessus. Par contre, le squelette n'en a guère fourni que quatorze (nᵒˢ 434-444, 570-572). Le mort ne possédait donc plus que la moitié de sa denture quand on le porta en terre.

Il faut nécessairement que les dents mises par les assistants sur la tombe soient là comme un témoignage de leur douleur et de leur deuil. On déposait une dent comme maintenant on envoie une couronne : les fleurs ont évidemment plus de grâce, mais le témoignage antique avait peut-être plus de force et en tout cas plus de durée. Si les fleurs sont un progrès, un temps avait été où le fait d'apporter une dent au lieu de sa tête dut en être également un d'incontestable. Les esclaves, les clients, les sujets, voire les parents et amis, s'en tiraient ainsi à meilleur compte; certes, s'il eût fallu laisser une dent à chaque enterrement, peu de mâchoires eussent suffi à la vie d'un homme qui respectait les morts. On ne s'étonnerait plus de trouver des squelettes auxquels il en manque la moitié; mais, quand on en devait donner une, peut-être n'était-on pas tenu de donner la meilleure et il ne dut pas manquer de commerçants pratiques pour en procurer honnêtement et d'occasion aux personnes avisées qui tenaient à ne pas se démunir des leurs sans nécessité absolue. Et ceci encore fut un progrès, c'est-à-dire une économie de douleur.

Le Castelas de Manosque, 24 février-2 mars 1904.

NOTE EXPLICATIVE[1]

Fig. 1. — Plan du tumulus avant l'exécution des fouilles. Au centre une partie horizontale de 2ᵐ20 de rayon. A l'Est une partie dont le pavé supérieur manque, enlevée probablement pour les besoins de la culture.

Fig. 2. — Plan du tumulus au niveau du deuxième pavé. A la périphérie une rangée circulaire de pavés de grosse taille de 4ᵐ75 de rayon, concentrique à la première, une deuxième rangée de gros pavés de 2ᵐ35 de rayon, au N.-N.-O., entre les deux rangées de pavés ci-dessus trois grosses pierres juxtaposées. Le vide entre les gros pavés est garni par des moëllons de plus petite taille.

Fig. 3. — Plan au niveau du squelette. Rangée concentrique de gros pavés de 1ᵐ5o de rayon, squelette orienté du N.-E. au S.-O., la tête au N.-E. et à 0ᵐ6o au S.-O. du centre du tumulus ; rangée de gros pavés de 2ᵐ5o de rayon ayant pour centre la poitrine du squelette et tangente intérieurement au N.-E. avec la première rangée. A l'Est et à l'Ouest du centre du tumulus une pierre dressée.

Fig. 4. — Coupe du tumulus de l'Ouest à l'Est. A l'Est partie dont le pavé supérieur manque.

[1] La *note explicative* de cette page et le plan hors texte qui suit sont dus à M. Lambert. Le directeur des fouilles n'a pas eu l'occasion d'observer sur le terrain l'anneau d'un rayon moyen de 2ᵐ5o qui se trouve porté sur la fig. 3 de ce plan. Au nord-est, cet anneau est tangent au plus petit dont le rayon mesure 1ᵐ5o. Au sud-ouest, cet anneau serait tangent, ou peu s'en faut, à l'anneau intermédiaire dont le rayon mesure 2ᵐ85.

Les trois anneaux concentriques, observés, à la fois, par le directeur des fouilles et par M. Lambert, mesurent dix, vingt et trente pieds respectivement de diamètre. Tandis qu'ils circonscrivent l'aire pavée et centrale du tumulus, l'anneau excentrique et tangent d'un rayon de 2ᵐ5o, révélé par le plan des pierres de grandeur exceptionnelle, aurait été tracée sur le secteur sud-ouest de l'aire pour délimiter l'emplacement proprement dit du squelette. Son rayon moyen de 2ᵐ5o équivaudrait à environ quinze pieds de 0ᵐ3o1. La direction du squelette coïnciderait en somme, sensiblement, avec le diamètre de l'anneau excentrique, passant par ses deux points de tangence avec les deux autres anneaux concentriques, au nord-est pour le plus petit et au sud-ouest pour le moyen.

Il serait à désirer que cette disposition un peu compliquée puisse être observée de nouveau.

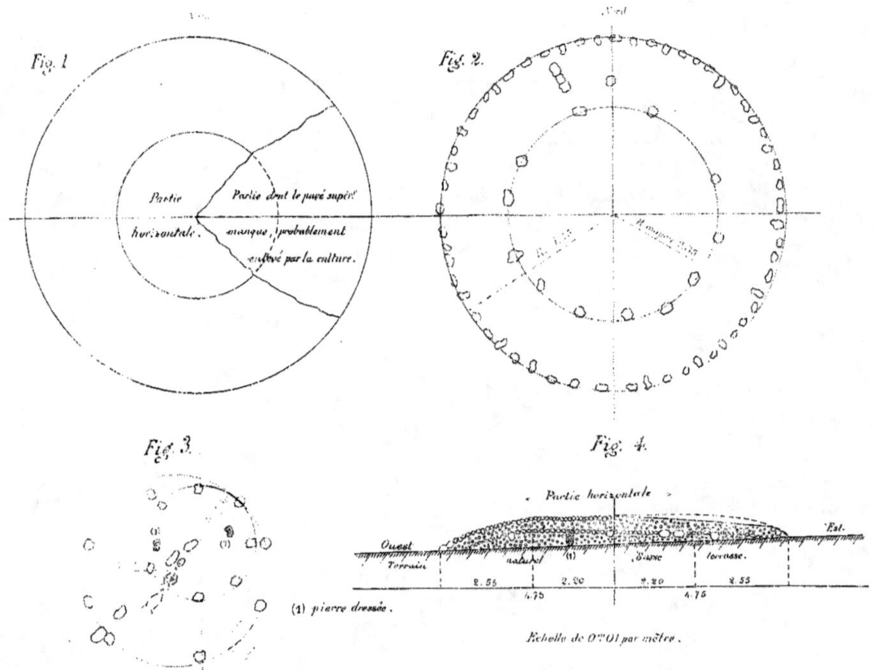

Fig. 1.
Partie horizontale.
Partie dont le pavé supér.
manque, probablement
enlevé par la culture.
Fig. 2.
Nord
Fig. 3.
Fig. 4.
Partie horizontale
Ouest
Est.
Terrain
naturel
Sable
terrasse.
2.55
4.75
2.20
7.20
4.75
2.55
(1) pierre dressée.
Echelle de 0.m01 par mètre.